植物刺繡とダーニング

図案とテクニックで楽しむハンドリペア

nuimori
ヌイモリ

はじめに

お気に入りのものは、穴が開いたり、汚れがついたりしても、簡単に手放せない
もの。私も10年以上愛用しているアイテムがいくつもあります。
「大切なものたちを植物刺繍で再生できたら」——そんな思いから、この本が生
まれました。

本書では、平面や立体に刺繍された植物たちを通じて、新たな命を吹き込む方法
をご紹介します。終わりを新しい始まりへと変えるように、針と糸を手に取って
ダーニング（繕い刺繍）を始めてみませんか？いくつかの基本のステッチにシン
プルなステッチを組み合わせて、自分だけのフリーステッチを楽しんでみてくだ
さい。

さらに、敬愛する植物学者、牧野富太郎博士にちなんだ植物をモチーフにした繕
いの作品をいくつかご紹介しています。
博士の愛した植物たちが、繕いの楽しさをさらに広げてくれることでしょう。

もくじ

植物刺繍とダーニングで使う道具	6
植物刺繍とダーニングで使う糸	7
ダーニングとステッチの種類1	8
ダーニングとステッチの種類2	9
ダーニングとステッチの種類3	10
ダーニングとステッチの種類4	11
赤いバラ / エコバッグ	12
タンポポの綿毛 / ニット帽子	14
レモン / くつ下	16
ハルジオン / リネンブラウス	18
青い花 / リネンクロス	21
ピーナッツ / Tシャツ	22
コーヒーの木 / 帆布のトートバッグ	24
月桃の実 / スマホケース	26
オリーブの葉と実 / 白ブラウス	28
ムスカリ / 綿ストライプパーカー	30
そら豆と小豆 / エプロン	32
ツリガネスイセン / チェックのスプリングコート	34
小花 / 花柄ワンピース	36
南天 / スヌード	39
ふわふわの花 / ロングカーディガン	40
ヨウシュヤマゴボウ / フリースパーカー	42
花はな / オーバーソックス	45
マリーゴールド / サロペット	46
スイカズラ / デニムシャツ	48
やまなし / コースター	51
草むら / キルティングパンツ	52
松 / ストール	54
カラスムギ / 帽子	57
シロツメクサ / デニムのプルオーバー	58
苔 / くつ下	60

もくじ

キノコクラゲ / くつ下	62
サボテン / ジーンズ	64
笹 / コーデュロイジャケット	66
梅の花 / ジャケット黒	70
コウモリラン / ジーンズ	72
牧野富太郎博士ゆかりの植物刺繍	75
シハイスミレ / カーディガン	76
コオロギラン / スカート（ピンク）	78
ジョウロウホトトギス / スカート（黄）	80
バイカオウレン / スタンドカラーシャツ	82
ヤッコソウ / 帽子	84
大橋 忍（切り絵）×ヌイモリ（刺繍）	86
ツユクサ / 帽子	88
アサガオ / チェックのブラウス	90
植物刺繍とダーニング（図案 1）	92
植物刺繍とダーニング（図案 2）	93
植物刺繍とダーニング（図案 3）	94
植物刺繍とダーニング（図案 4）	95
植物刺繍とダーニング（図案 5）	96
植物刺繍とダーニング（図案 6）	97
植物刺繍とダーニング（図案 7）	98
植物刺繍とダーニング（図案 8）	99
植物刺繍とダーニング（図案 9）	100
植物刺繍とダーニング（図案 10）	101
植物刺繍とダーニング（図案 11）	102
植物刺繍とダーニング（図案 12）	103
植物刺繍とダーニング（図案 13）	104
植物刺繍とダーニング（図案 14）	105
植物刺繍とダーニング（図案 15）	106
植物刺繍とダーニング（図案 16）	107
植物刺繍とダーニング（図案 17）	108
植物刺繍とダーニング（図案 18）	109

植物刺繍とダーニングで使う道具

①刺繍針、まち針　②糸とおし　③刺し子針　④とじ針（毛糸使用）　⑤刺繍枠　⑥ワイヤー
⑦はさみ（糸切り・裁ちばさみ）　⑧ダーニングマッシュルーム　⑨チャコペン　⑩仮止め用スティックのり　⑪ほつれ止め筆ペン　⑫トレーサー　⑬トレーシングペーパー　⑭チャコペーパー

植物刺繍とダーニングで使う糸

①ミシン糸 ②手縫い糸 ③刺し子糸（細・合太） ④小巻毛糸 ⑤ダーニング糸 ⑥小巻アクリル糸（ネオンカラー） ⑦25番刺繍糸 ⑧⑩変わり毛糸 ⑨変わり糸

ダーニングとステッチの種類 1

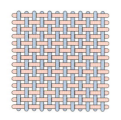

ダーニングステッチ（基本の繕い）
穴あきや擦り切れた箇所を繕う、最も基本の修繕方法です。ダーニングマッシュルームを衣類の裏側にあて、織物のように縦糸と横糸を用いて、補修します。

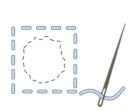

1. 修繕範囲をマーキング
修繕したい穴より少し大きめに範囲を取り、ランニングステッチで輪郭を縫います。チャコペン（水で消えるタイプ）で印をつけてもよいです。

2. 縦糸を通す
縦糸は、糸の端を玉留めしないまま、10センチ程度残しておきます。1.でつけた印の少し外側から布を1目すくい、縦方向に糸を渡します。右から左へ交互に布をすくいながら、縦糸を渡していきます。糸同士の間隔は使っている糸1本分程度開けておくと、横糸を通しやすくなります。

3. 糸の端を残す
縦糸の最後の部分（糸の端）も、玉留めせず10センチ程度残しておきます。

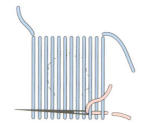

4. 横糸を通す
縦糸の1本目をくぐらせ、1本おきに交互にくぐりながら横糸を通します。

5. 織るように刺す
左端まで来たら、生地を180度回転させて同じように横糸を通します。糸が割れやすい場合は、針の穴側から通すとスムーズです。針先を使いながら数段ごとに織り目を整え、縦横の糸を詰めていきます。

6. 仕上げの処理
糸の始末は裏側に糸の端を出し、裏の縫い目に4～5目ほど通して固定し、カットします。

ブランケットステッチ
布の端を覆って補強するステッチです。針を布の端から刺し、糸を引っ張りながら次の針目を刺すことを繰り返します。

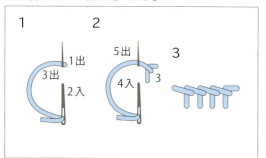

巻きかがり
二枚の布を繋ぎ合わせたり、布の端の折り返した部分を縫い付けるステッチです。ほつれ止めに使われます。

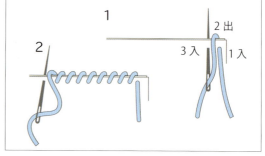

ダーニングとステッチの種類2

ストレートステッチ
一本の直線をまっすぐ刺す、基本のステッチです。

シードステッチ
種のような小さな点で面を埋めるステッチです。

アウトラインステッチ
図案の輪郭線をなぞるように刺すステッチです。

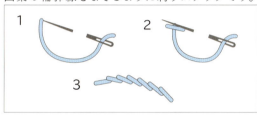

ランニングステッチ
等間隔に点を打つように、短いステッチを連続して刺すステッチです。

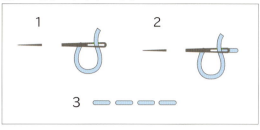

バックステッチ
ミシン縫いのように、1針刺した後、少し戻って次の針目を隙間なく刺すステッチです。

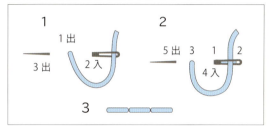

サテンステッチ
面を塗りつぶすように、糸を密に並べて刺すステッチです。
重ねることでサテンのような光沢のある美しい仕上がりになります。

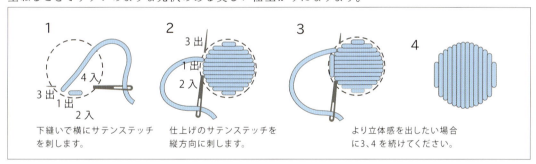

下縫いで横にサテンステッチを刺します。　　仕上げのサテンステッチを縦方向に刺します。　　より立体感を出したい場合に3、4を続けてください。

ロング＆ショートステッチ
長いステッチと短いステッチを交互に刺すことで、立体感と陰影を表現するステッチです。花や葉っぱなどを表現するのに適しています。

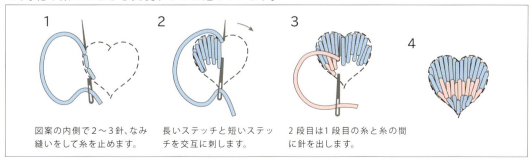

図案の内側で2〜3針、なみ縫いをして糸を止めます。　　長いステッチと短いステッチを交互に刺します。　　2段目は1段目の糸と糸の間に針を出します。

ダーニングとステッチの種類3

バリオンステッチ
針に糸をコイル状に巻きつけることで様々な立体感を表現できるステッチです。花や枝、葉の葉脈などの表現に適しています。

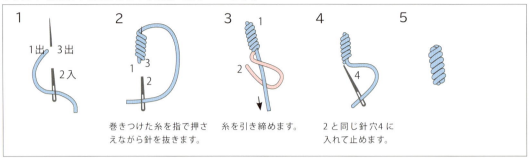

レゼーデージーステッチ
小さな輪を連続して作り出すことで、花びらや葉っぱなどを表現できるステッチです。

レゼーデージーステッチ ＋ ストレートステッチ

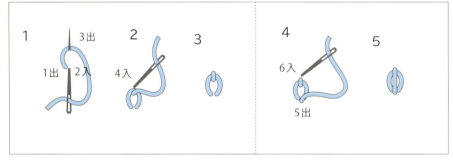

チェーンステッチ
鎖のように連続した輪っかを作り糸を連続してループ状に重ねていくステッチです。

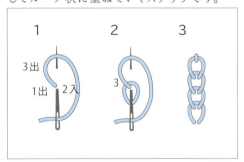

フリーステッチ
決まったパターンはなく、自由に線を描いて面を埋めるステッチです。

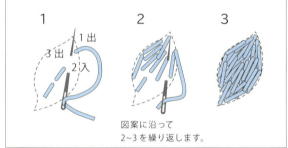

コーチングステッチ
土台の糸に、別の糸で垂直に針を刺して固定していく(コーチング)ステッチです。

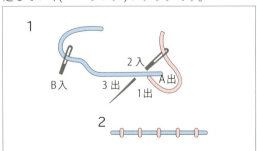

巻き付けバックステッチ
バックステッチの針目に糸を巻きつけることで、立体感を出したステッチです。

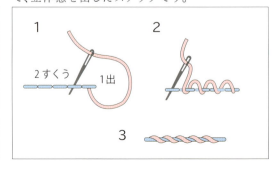

ダーニングとステッチの種類4

スミルナステッチ
長短のステッチを交互に刺すことで、立体感と陰影を表現するステッチです。花や葉っぱなどを表現するのに適しています。

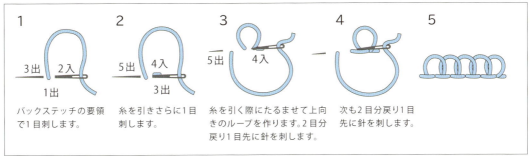

1. バックステッチの要領で1目刺します。
2. 糸を引きさらに1目刺します。
3. 糸を引く際にたるませて上向きのループを作ります。2目分戻り1目先に針を刺します。
4. 次も2目分戻り1目先に針を刺します。

フィッシュボーンステッチ
魚の骨のような模様を作る刺繍のステッチです。葉っぱの模様によく使われ、立体感と自然な陰影を出すことができます。

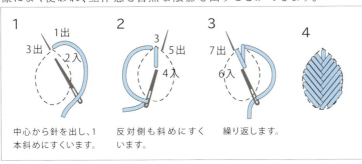

1. 中心から針を出し、1本斜めにすくいます。
2. 反対側も斜めにすくいます。
3. 繰り返します。

刺し始め

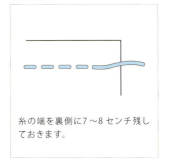

糸の端を裏側に7～8センチ残しておきます。

フレンチノットステッチ
玉状の飾りを作るステッチです。花の中心や実などを表現するのに適しています。

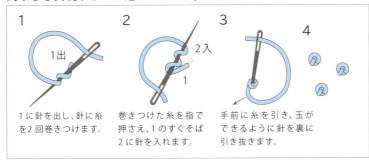

1. 1に針を出し、針に糸を2回巻きつけます。
2. 巻きつけた糸を指で押さえ、1のすぐそば2に針を入れます。
3. 手前に糸を引き、玉ができるように針を裏に引き抜きます。

刺し終わり

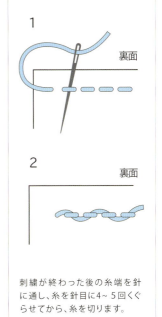

1.
2.

刺繍が終わった後の糸端を針に通し、糸を針目に4～5回くぐらせてから、糸を切ります。

図案の写し方

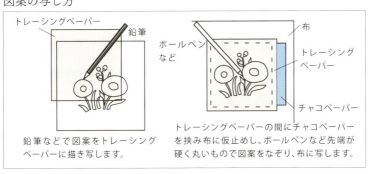

鉛筆などで図案をトレーシングペーパーに描き写します。

トレーシングペーパーの間にチャコペーパーを挟み布に仮止めし、ボールペンなど先端が硬く丸いもので図案をなぞり、布に写します。

11

赤いバラ / エコバッグ

赤いバラのロゴが印象的なタイベック素材のエコバッグ。
長く使って擦り切れてしまった持ち手部分にも、ロゴとお揃いの赤いバラでダーニングしました。

ダメージ：持ち手に破れ

イメージの元：ロゴマークの赤い薔薇

ダーニングステッチで補強します

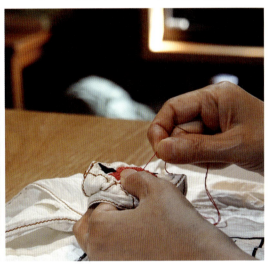

花：バリオンステッチ（5回巻き）

①摺りきれた部分にダーニングSで補強する。

②全体が花の形になるように①を囲むようにバリオンSで重ねて縫う。

③葉の部分をサテンSで縫う。

タンポポの綿毛 / ニット帽子

あたたかいニット帽に、やさしい「ふわふわ」を添えたくなりました。小さな穴の繕いにタンポポの綿毛をひとつ。

ダメージ：穴あき

タンポポの綿毛に合わせて糸を選びます

中心：ストレートS　外側：スミルナS

①穴あきに裏から当て布をしてランニングSで縫い付ける。

②①の上から刺繍をする。中心から放射線状にストレートSで密に縫う。
綿毛中心部分／ダーニング糸（こげ茶）

③②の外周をぐるりとスミルナSで縫う。
綿毛外側部分／ダーニング糸（ベージュ系）

④さらに外周を毛糸でスミルナSで縫う。
綿毛外側部分／スプラウト1毛糸（ベージュ系）

⑤ループをカットして糸をほぐしてふわふわ感を出す。

針先を使って糸をほぐします

ダーニング糸とスプラウト毛糸は密に縫います

レモン / くつ下

グレーの色合いには、シャープな色が似合いそうです。側面にできてしまった穴に、爽やかなレモンをひとつ刺繡してアクセントにしました。

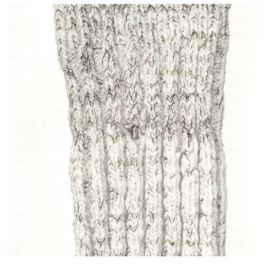

ダメージ：穴あき

ダーニングマッシュルームで固定します

ダーニングステッチ

①穴が空いた部分に裏から当て布を仮止め用スティックのりで止める。

②ダーニングマッシュルームを使って穴あき部分にダーニングSで繕う。

茎部分：巻き付けバックステッチ

③レモンの形になるように②を囲むようにフリーSで重ねて縫う。

④レモンの茎は巻き付けバックSで縫う。

17

ハルジオン / リネンブラウス

お気に入りのリネンのブラウスは、傷みや穴が目立っていました。春の優しい草花の中から、白に似合うハルジオンを選びました。

肩口の破れ、襟のほつれには繕いが施されています

裾の破れ　　　　　　　　茎と同色の緑でブランケットステッチ

サテンステッチ

①首周りの傷みをブランケットSで繕う。

②肩部分は穴あきを含めた傷みが大きいため、リネン生地を使って、裏から肩に沿って楕円に切った当て布をする。
- 仮止め用ステックのりで止める。
- 当て布部分を表からブランケットSで縫い付ける。

③穴あき部分にハルジオンを刺繍する。

④裾の縫製部分の破れはサテンSで縫う。

青い花 / リネンクロス

青い刺繍のリネンのテーブルクロスは点々と汚れがありました。大きめの汚れ部分には青い花々をたくさん集めたダーニングを、周りの小さな汚れ部分には小さな花を散らすように刺繍しました。

①小さな汚れには花をひとつ。

②大きな汚れ部分には花を集めて繕う。

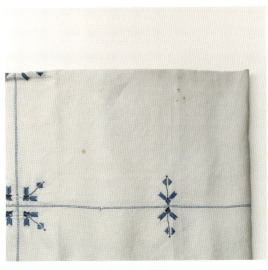

ダメージ：汚れ

ピーナッツ / Tシャツ

レトロブルーのTシャツに小さな穴を発見。昔着ていたミスターピーナッツのTシャツを思い出し、ピーナッツを刺繍することにしました。実もちゃんと入っていますよ。ひとつは少し浮かせて揺れるようにしています。

ダメージ：穴あき

ブランケットステッチ

①穴あきに裏から当て布をし、仮止め用スティックのりで止める。

②ブランケットSの応用でピーナッツを刺繍する。ブランケットSで一周したら1針目のステッチに針をかけて目を拾い、縦方向にブランケットSで埋めていく。
・刺し始め刺し終わり糸は残してたらす。
・外側をストレートSで仕上げる。

③別布（薄手シーチング布・生成）でもう1つのピーナッツを②と同じように縫う。出来上がりを切り取り縁をかがる。

④2つのピーナッツを繋ぐ。
コーチングSの要領で刺し子糸を刺繍糸で巻き付ける。別布で作ったピーナッツを縫い付ける。

⑤種入りピーナッツの外側をブランケットSで縫う。種をサテンSで縫う。

別布でもうひとつピーナッツを作る

別布で作ったピーナッツは1/3だけ縫い付ける

コーヒーの木 / 帆布のトートバッグ

持ち主がカフェ店主ということもあり、汚れた部分には赤と緑の実をつけたコーヒーの木でダーニングしました。周りにポツポツとついた小さな汚れには、焙煎したコーヒー豆を刺繍して仕上げました。

ダメージ：汚れ

チャコペンで図案を描きます

実：放射状にストレートステッチで縫います

①実をそれぞれ中心から放射線状にストレートSで丸く縫う。

②葉の部分を先端に向けてサテンSで縫う。

③茎を巻き付けバックSで縫い、下に糸を残してたらす。

④コーヒー豆（焙煎）をサテンSで縫う。

葉：先端に向けてサテンステッチで縫います

コーヒー豆（焙煎）：サテンステッチ

月桃の実 / スマホケース

黒のスマホケースには、落ち着いた色味が合うと思い、ドライにした月桃の実を立体刺繍にして「ゆれる」動きをアクセントに加えてみました。

ダメージ：口の左右に糸のほつれ

写真や実物を見ながら色や大きさを決めます

ブランケットステッチで繕います

①ほつれ止め筆ペンを使ってほつれ部分を押さえる。

②①の部分をブランケットSで繕う。

立体刺繍で月桃の実をつくります

③月桃の実を立体刺繍でつくる。

実の部分
- 薄手のシーチング布（生成）で実の形に縫う。
- 裏返して綿を詰め丸みを出して入り口を閉じる。
- 種が入る部分を残して実の全体を縦にサテンSで埋めていく。
- 種4つをサテンSで縫う。

茎の部分
- ワイヤー（12cm）を2本取りの刺繍糸でワイヤーが見えなくなるまでぐるぐると巻き付けていく。
- 巻き付けた茎を曲げながら形をつくり、その先に実を縫い付ける。

④出来上がった③を本体に縫い付ける。

オリーブの葉と実 / 白ブラウス

自家製天然酵母のパン屋を営む持ち主さんが愛用していたブラウス。細かく全体についてしまった汚れには色とりどりのオリーブの実でダーニングし、裾の大きな汚れにはオリーブの葉をあしらいました。

ダメージ：全体にポツポツとついた汚れ

①ポツポツとついた汚れ部分にはオリーブの実をフリーSで、実から出る茎部分は巻き付けバックSで縫う。

②裾の大きめな汚れ部分にはオリーブの小枝を刺繍する。葉はサテンSで、茎を巻き付けバックSで縫う。

左裾の大きな汚れはオリーブの葉で繕います

POINT
オリーブの実はざっくりと、下地が少し見えるくらいに縫うと水彩画のような軽やかな仕上りになります。

小さな汚れはオリーブの実で繕います

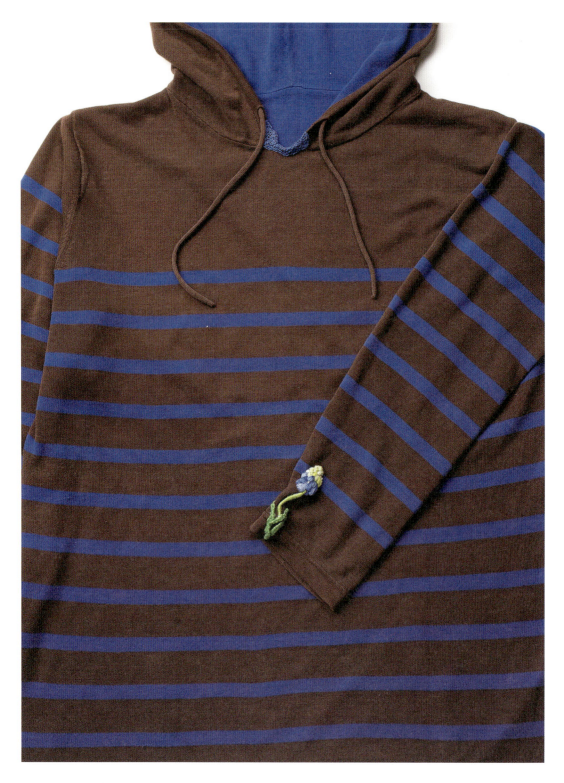

ムスカリ / 綿ストライプパーカー

はっきりした色合いの茶色に青のボーダーのパーカーは、加える色は控えめにし、全体に馴染むよう青いムスカリを添えました。ムスカリは持ち主さんの好きな花でもあります。

ダメージ：襟元の破れ

ダメージ：袖の破れ

ブランケットステッチ

①首元のほつれ部分を上から下に向かってブランケットSで繕う。

②別布（薄手シーチング布・生成）にムスカリの花と茎を刺繍する。

③切り取り縁をかがる。

④袖口のダメージ部分を同色の刺繍糸で繕う。

⑤④の上に③を縫い付け、葉を花茎に合わせてサテンSで重ねて縫い、立体感をだす。

ムスカリの花と茎を刺繍します

フリーステッチで繕い＋ムスカリ

31

そら豆と小豆 / エプロン

エプロン全体に点々とある汚れには、食材をモチーフに刺繍を施しました。まめまめしく、楽しく仕事ができますよう。大きな汚れにはそら豆、小さな汚れには小豆の刺繍で繕いました。

ダメージ：汚れ

①そら豆は刺繍枠を使ってフリーSで縫う。

②小豆は刺繍枠を使わずにサテンSで縫う。

フリーステッチ

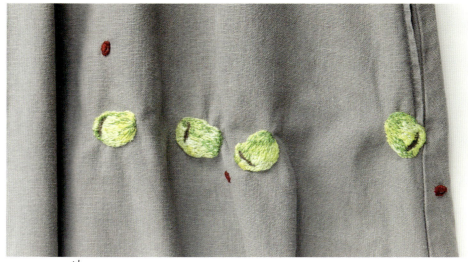

POINT そら豆は、フリーステッチで色を重ねていくことで立体感が出てきます。

ツリガネスイセン / チェックのスプリングコート

ハンドメイドでちょっとレトロな感じのスプリングコート。経年使用による襟の傷みの大きい部分にはダーニングステッチを施したのち、春に咲く可憐なツリガネスイセンを添えました。

ダメージ：経年による生地の傷み

ダーニングステッチ＋シードステッチ

①ダメージ部分をダーニングSで繕ってから全体をシードSで補強する。

②①の上からツリガネスイセンを刺繡する。花部分をフリーS、茎部分を巻き付けバックSで縫う。

POINT
ところどころに刺し始めと刺し終わりの糸を残して動きを出します。

襟を立てたところ

小花 / 花柄ワンピース

ハンドメイドのレトロなワンピースは古着屋さんで購入したもの。
首周りの傷みをブランケットステッチでダーニングしたあとに立体刺繍でワンピースの柄と同じ花を添えました。花はゆらゆらとゆれて動きが出るようにしています。

ダメージ：経年による生地の擦り切れ

茎の部分は浮かせてチェーンステッチ（くさり編み）　　首周りをブランケットステッチで繕います

別布に同じ柄の小花を刺繍します

①首周りのダメージをブランケットSで繕う。

②別布（薄手シーチング布・生成）で柄の小花を刺繍する。

③小花を切り取り縁をかがる。

④ブランケットSを施したところから、浮かせて編むようにチェーンS（くさり編み）で茎部分をつくる。

37

襟元でアクセサリーのように揺れる姿をイメージしながら立体刺繍にしました

別布に刺繍した小花を切り取ります

⑤茎の先に③で作った小花を縫い付ける。

⑥本体の小花柄の上からサテンSで刺繍して全体を馴染ませる。

南天 / スヌード

インディゴ染めのスヌードには、なんだか和風の植物が似合う気がして。穴あき部分には、縁起が良く「難を転じる」とされる南天をモチーフにしてダーニングを施しました。

①実をサテンSで縫う。

②茎（太）を巻き付けバックSで縫った後、茎（細）をアウトラインSで縫う。

③葉をフィッシュボーンSで縫う。

④刺し始めと刺し終わりの糸を残してたらす。

ダメージ：穴あき

ふわふわの花 / ロングカーディガン

紺色のシックなロングカーディガンには、目立つ穴がいくつかありました。シンプルで上品な雰囲気を保つため、架空のふわふわとした花をモチーフにした植物刺繍で仕上げています。

ダメージ：破れ

使用した変わり糸たち

花部分を開いたところ

①穴あきの裏から当て布をする。
- 当て布はまち針か仮止め用ステックのりで止めたのち刺繍糸でシードSで縫い付ける。

②花の部分を作る。（全て変わり糸使用）
- 中心から放射線状にストレートSで縫う。
- その外周をぐるりとスミルナSで縫っていく。
- 一周目を縫い終えたらそのまま続けて2、3周目と縫っていく。
- ループをカットして糸をほぐしてふわふわ感を出す。

③茎、葉、根の部分を作る。
- 数種類の変わり糸で形を作り、コーチングSで変わり糸をミシン糸で止めていく。

ヨウシュヤマゴボウ / フリースパーカー

フリースに空いた穴をダーニング。鮮やかな色合いのパーカーには鮮やかな植物で繕いたいものです。着用するのは冬だけれど、我が家で毎年夏に鮮やかな実をつけるヨウシュヤマゴボウの実をモチーフにしてみました。

毎年夏に美しい姿を見せてくれます

刺繍のモチーフとしてよく使います

ダメージ：穴あき

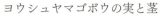

ヨウシュヤマゴボウの実と茎

ダメージ：穴あき

ヨウシュヤマゴボウの実

①ポツポツと空いた袖の穴あきに、実をストレートSで、実の中心から放射線状に丸く縫う。

②フードの穴あき部分にヨウシュヤマゴボウの茎と実を刺繍する。
- 茎は巻き付けバックSで縫う。
- 実を①と同じようにストレートSで縫う。

POINT
最後に刺繍糸を1本取りにして上から重ねて刺すと密で滑らかな仕上がりになります。

花はな / オーバーソックス

オーバーソックスにできた大きな穴をダーニングステッチで補修し、その周囲にカラフルな花々を咲かせました。冬の寒い日にも、足元から明るい気持ちになれますよう。

ダメージ：破れ

ダーニングステッチ＋シードステッチ

①穴あきは裏から当て布をしてシードSで縫い付ける。

②ダーニングSで繕う。

③中心から放射線状に丸い花のイメージでストレートSで縫う。

マリーゴールド / サロペット

持ち主さんは、太陽がよく似合う働き者。そんな彼女をイメージして、夏の暑さの中で鮮やかに咲くオレンジ色のマリーゴールドでダーニングしました。

ダメージ：汚れ

刺繍枠は使わずに直に縫います

ロング＆ショート＋サテンステッチ

①花部分をロング＆ショートSで縫う。

②がく部分をサテンSで縫う。

③葉はサテンSで、茎は巻き付けバックSで縫う。

POINT 花、葉、茎、それぞれ濃淡の色を重ねることで立体感がでます。

47

スイカズラ / デニムシャツ

経年の着用による襟全体の色落ちをダーニング。全体に細かくシードステッチをした上に、伸びやかな流れを感じるスイカズラを、デニムの青に馴染むよう、青系の糸を多用して繕いました。

ダメージ：色褪せ

①色落ち部分をざっくり埋めるようにシードSで縫う。

②スイカズラの茎部分をチェーンSで縫う。刺し始めと刺し終わりの糸を残して(たらして)動きをだす。

③葉全体をロング&ショートSでざっくりと縫う。葉の中心の葉脈線は巻き付けバックSで縫う。

④花全体をフリーSで縫い、巻き付けバックS＋バリオンS（8回巻き）に刺し始めと刺し終わりの糸を加えておしべにする。

⑤花の刺繍の周囲はシードSで補強する。

シードステッチ＋チェーンステッチ＋ロング＆ショートステッチ

フリーステッチ＋巻き付けバックステッチ＋バリオンステッチ

やまなし / コースター

モダンな白黒の柄を見ていると、たくさんの梨に見えて、それから宮沢賢治を思い出しました。『クラムボンはかぷかぷ笑ったよ』－緑色のやまなしでダーニング。

ダメージ：汚れ

①実全体を緑の糸を使ってフリーSで縫った後、ハイライト部分を生成の糸を使ってシードSで縫う。

②実の先端はスミルナSで縫いループをカットする。

③茎部分を巻き付けバックSで縫う。

④葉全体をサテンSで縫ってから中心線をアウトラインSで縫う。

草むら / キルティングパンツ

アウトドア感あふれるキルティングパンツの裾には焦げ穴がありました。冬だけど緑あふれるアウトドアをイメージして、緑の草むらを刺繍しました。

ダメージ：破れ　　　　　　　　　表から当て布を当てます

①裾の焼け部分は表から当て布をして巻きかがり、シードSで縫い付ける。

②別布（薄手シーチング布・生成）に、①の当て布より少し大きめに草むらを刺繍する。

③②を切り取り縁をかがる。

④①の当て布の上に縫い付ける。
根元の部分から糸を出して根っこをつくる。

⑤ポツポツと空いた小さな焼け穴はストレートSで中心から放射線状に丸く縫う。

別布に草むらの刺繍

カットして縫い付けます　　　　　ストレートステッチで放射状に縫います

53

松 / ストール

和の雰囲気を漂わせる緑色のチェック柄ストールに合わせ、松を選びました。青々と茂る常緑の松は、神仏が宿る縁起の良い木ともいわれています。

ダメージ：破れ

①図案を大まかにトレーシングペーパーに写し取ったものを穴あき部分にあてて、なみ縫いで全体のシルエットのアタリをとる。

②別布（薄手シーチング布・生成）に、幹をフリーSで刺繍する。刺し始めと刺し終わりの糸を残す。

③②を切り取り縁をかがる。

④①のトレーシングペーパーを取り除き、アタリに沿って③を縫い付ける。

⑤葉をストレートSで縫う。

⑥根っこをチェーンSで縫う。

⑦⑥のチェーンSに追加して、刺し始めと刺し終わりの糸を残してたらし、動きを出す。

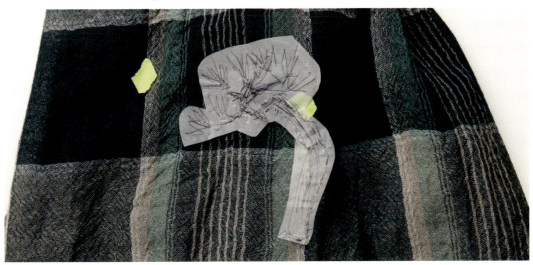

トレーシングペーパーの上からなみ縫いでアタリをとります

チャコペーパー等を使って図案を写し取ります

穴あき部分にあてて繕います

カラスムギ / 帽子

道端や荒れ地でよく見かけるカラス麦は、麦に似た姿から「古代麦」とも呼ばれるそう。
野趣あふれる姿が好きで、愛用の白い帽子にも添えることにしました。

ダメージ：汚れ

①茎部分をチェーンS、巻き付けバックSで縫う。

②穂をフリーSで縫う。

③穂の先、茎の先などに刺し始めと刺し終わりの糸を残して立体感を出す。

シロツメクサ / デニムのプルオーバー

袖口にできた色落ちには、大好きな植物の一つシロツメクサをひとつ、我が家の庭でひときわ丈夫に咲くお馴染みの花です。古の人にならって、いつか乾燥させたシロツメクサを詰めものにしてガラス器などを贈ってみたいものです。

ダメージ：漂白による色落ち

なみ縫いで大まかなアタリをとります

刺繍枠は使わずに直に縫います

①シロツメクサの白い花びら全体をサテンSで縫う。

②葉を左右対称にサテンSで縫い、模様をストレートSで縫う。

③茎は下部に近づくほど太めに巻き付けバックSで縫う。刺し始めと刺し終わりの糸を残して根っこの立体感を出す。

④白い花びらの間に緑色を差し込むように縫う。

刺し始めと刺し終わりの糸を残して根っこの立体感を出します

苔 / くつ下

モスグリーンの靴下を見て、深い森の奥に広がる緑豊かな情景を思い描きました。そこには大きな穴があり、覗き込むと色とりどりの苔が生い茂る不思議な世界が広がっているのです。

ダメージ：破れ

右：ダーニングマッシュルームをつけて縫います

左：ダーニングマッシュルームを外しています

左

①穴あきに裏から当て布をして、仮止め用スティックのりで止める。

②ダーニングマッシュルームを使って①の表からダーニングS、ブランケットSで繕う。

③②の上からスミルナS、ストレートSで中心から放射線状に花を丸く縫う。

④周囲を馴染ませながらシードSで縫う。

右

①穴あきに裏から当て布をして、仮止め用スティックのりで止める。

②ダーニングマッシュルームを使って①の表からダーニングSで繕う。

③②の外側をストレートSで縫う。

④周囲を馴染ませながらシードSで縫う。

キノコクラゲ / くつ下

海の底のような青い靴下からクラゲみたいなキノコが現れる姿をイメージして、刺繍を施してみました。名付けてキノコクラゲ。

ダメージ：破れ　　　　　　　　　右：ダーニングマッシュルームをつけて縫います

左
①穴あきに裏から当て布をして、仮止め用スティックのりで止める。

②ダーニングマッシュルームを使って①の表からブランケットSで丸く縫う。

③②の上からストレートSで縫う。

④周囲を馴染ませながらシードSで縫う。

右
①穴あきに裏から当て布をして、仮止め用スティックのりで止める。

②ダーニングマッシュルームを使って①の表からブランケットSで中心から外側に向けて蜘蛛の巣のように丸く縫う。

③②の外側をストレートSで縫う。

④上部分にチェーンSで縫う。

⑤周囲を馴染ませながらシードSで縫う。

サボテン / ジーンズ

後ろ両ポケットに大きな穴が空いたジーンズ。ダメージ感は残しつつ、ちょっとユーモラスに。穴からサボテンが覗いているように刺繍を施しました。

ダメージ：破れ

モチーフのサボテンと絹手縫い糸

左ポケット
①破れ部分に裏から当て布をして、仮止め用スティックのりで止める。

②サボテンを表から立体感が出るようにロング＆ショートSで重ねて縫う。

③②の上に点々とストレートSで縫う。

④糸を出してサボテンの刺にする。

⑤周囲を馴染ませながらシードSで縫う。

右ポケット
①破れ部分に裏から当て布をして、仮止め用スティックのりで止め、表からシードSで縫いつける。

POINT
ダメージ感を残しつつ、ほつれも生かして仕上げると馴染みが良くなります。

刺繍糸と元々のほつれをサボテンのとげに見立てて繕います

笹 / コーデュロイジャケット

淡いサックスブルーのコーデュロイジャケットは経年使用による襟全体の色落ちがありました。首元から緑が勢い良く覗くようなダーニング。家の裏手の竹林の笹をモチーフにしました。

ダメージ：襟部分の色落ち・汚れ

①図案を布（薄手シーチング・生成）に写し取って切り取る。

②①を襟に置き仮止め用スティックのりで軽く止める。

③②の上から刺繍をする。
葉→茎→根の順番に縫っていく。

④根っこの部分は刺し始めと刺し終わりの糸を残してたらす。

POINT
襟から飛び出した部分(立体刺繍や糸)をつくることで伸びやかな動きが出てきます。

実物を側において刺繍します

図案を写し取った布を仮止めした上から刺繍します

古い蔵の二階をアトリエにしています

梅の花 / ジャケット黒

黒いジャケットの袖口にできた擦り切れ部分に、梅の花を咲かせました。繕う針仕事に、早春の訪れを感じて心が躍ります。

ダメージ：擦り切れ　　　　　　　ダメージ：擦り切れ

①袖口の擦り切れ部分をほつれ止め筆ペンで止める。

②①に沿って薄手のシーチング布を巻き込むようにして縫い付ける。

③②を枝にして巻きかがりで縫う。

④別布(薄手シーチング布・生成)に花の刺繍をする。

⑤④を切り取り縁をかがる。

⑥③の枝から更に枝を伸ばす。
薄手シーチング布を芯にして巻きかがりで縫う。

⑦枝に花のパーツを縫い付ける。

⑧つぼみを刺繍する。

⑨枝の端から糸を出し動きを作る。

巻きかがり

両袖に梅の花を咲かせました

コウモリラン / ジーンズ

数カ所の破れがあるジーンズを、ダメージ感を残してダーニングしました。大きな破れには当て布をし、個性的なコウモリラン（ビカクシダ）を刺繍。コウモリランの力強い姿は、ジーンズのタフなイメージによく合っています。

ダメージ：破れ　　　　　　　　ダメージ：破れ

小さな破れ
①破れの裏から当て布をしてランニングS、シードSで縫い付ける。
②当て布をした表に糸ほつれを残した藍色の布を縫い付けた後、上からバックSで細かく縫う。

大きな破れ
①②と同じにする
③①②の上に図案を写したシーチング布を切り取り縫い付ける。
④上からフリーSでコウモリランを刺繍する。

POINT
ダメージ感を残しつつ、ほつれも刺繍の一部として仕上げると馴染みが良くなります。

図案を写し取ったシーチング布を縫い付けます

コウモリランをイメージした架空の花　　　フリーステッチ

牧野富太郎博士ゆかりの植物刺繍

日本を代表する植物学者、牧野富太郎博士は、中学生の頃から私の憧れでした。
「原色牧野日本植物図鑑」シリーズが欲しかったものの、当時の私には高価で手
が届きませんでした。

こうして今、牧野博士ゆかりの植物を刺繍できるようになったことを、とても幸
せに感じています。

中学生だったあの頃の私に、こんな日が来ることを教えてあげたい。

シハイスミレ / カーディガン

背中に点々と穴があいたカーディガン。前見頃の紫色のラインが印象的だったので、背中にも紫いろを。牧野富太郎博士ゆかりのシハイスミレをあしらいました。

ダメージ：破れ

前見頃のアクセントカラー

シーチング布にシハイスミレを刺繍します

①別布（薄手シーチング布・生成）に花と葉の刺繍をする。

②①を切り取り縁をかがる。

③本体に縫い付け巻き付けバックSで茎をつくる。

④茎の刺し始めと刺し終わりの糸を残して根っこにする。

POINT
ニットなど薄手の衣類のダーニングには別布でパーツを作って縫い付けるのがおすすめです。

切り取り周囲をかがってから縫い付けます

コオロギラン / スカート（ピンク）

鮮やかな濃いピンクのスカートの脇部分には破れがありました。こんなところから植物が生えてくると嬉しい。同じ鮮やかなピンク色のコオロギランを咲かせました。

ダメージ：破れ

刺繍枠を使ってコオロギランを縫います

巻き付けバックステッチで茎をつくります

色を差し込みます

①刺繍枠を使って別布（薄手シーチング布・生成）に
コオロギランの刺繍をする。

②切り取って縁をかがる。

③本体に縫い付ける。

④巻き付けバックSで茎をつくる。

ジョウロウホトトギス/スカート（黄）

艶のある黄色のスカートの裾の汚れに、牧野富太郎博士ゆかりの植物「ジョウロウホトトギス」の刺繍を施しました。生地の光沢と鮮やかな黄色にジョウロウホトトギスはよく似合います。

ダメージ：シミ汚れ

刺繍枠は使わずに花を縫います

刺繍枠は使わずに葉を縫います

①別布（薄手シーチング布・生成）に花の刺繍をする。

②同じく別布2に葉の刺繍をする。

③①②を切り取り縁をかがる。

④薄手の布を折って芯にして、刺繍糸を巻きつけるようにかがって茎をつくる。

⑤④の茎を本体に形をつくりながら縫い付ける。

⑥茎に沿って葉→花の順番に縫い付けていく。
下部3枚の葉の内2枚は半分縫い付け（浮かせる）1枚は立体刺繍にしてたらす。

布を芯にして茎をつくります

茎に沿って縫い付けます

81

バイカオウレン / スタンドカラーシャツ

白いスタンドカラーのシャツの擦り切れた部分には、牧野富太郎博士が愛した植物「バイカオウレン」を咲かせました。いつも正装して植物採集に出かけておられた博士に思いを寄せて。

ダメージ：破れ

刺繍枠を使って花と葉を縫います

切り取り周囲をかがって立体にします

①本体のダメージ部分を巻きかがりで繕う。

②別布（薄手シーチング布・生成）に刺繍枠を使って花と葉の刺繍をする。

③②を切り取り縁をかがる。

④本体に③を縫い付け、茎を巻き付けバックSで縫う。

⑤チェーンS＋茎の刺し始めと刺し終わりの残した糸も加えて根っこにする。

本体の破れは巻きかがりで繕います

バイカオウレンの立体刺繍

ヤッコソウ / 帽子

つば部分のひっかき傷のような破れ部分には、小さな天使みたいなヤッコソウでダーニングしました。ヤッコソウの名は大名行列の「奴さん」に似た形からつけられたもの。野外の植物観察にはこの帽子をかぶって出かけたい。

ダメージ：破れ

刺繍枠を使ってパーツを縫います

使用した変わり糸

①刺繍枠を使って、別布（薄手シーチング布・生成）にヤッコソウの羽のような部分をフリーＳで刺繍する。

②切り取り縁をかがる。

③本体にヤッコソウ中心部分の刺繍をする。

④③に②のパーツを縫い付ける。

⑤ヤッコソウの根元部分に変わり糸を縫い付ける。

帽子に直接刺繍をした上にパーツをつけます

ヤッコソウの立体刺繍

大橋 忍（切り絵）×ヌイモリ（刺繍）

切り絵作家、大橋 忍さんとのコラボレーション。

切り絵作家の大橋 忍さんは植物をモチーフにした繊細で美しい切り絵作品を数多く制作されています。url:https://ohashi-shinobu.com/

この度ご縁をいただき、大橋さんの切り絵を原図にした植物刺繍を制作しました。
大橋 忍（切り絵）×ヌイモリ（刺繍）の未公開図案は巻末の【購入者限定特典】を参照ください。

大橋 忍　切り絵作家
言葉や音をヒントに、画用紙と手染めの和紙を用いて切り絵を制作。
個展開催やイベント出展のほか、全国の寺社の切り絵御朱印のデザインを担当。

ツユクサ / 帽子

キャップの後ろについてしまった汚れ部分に、切り絵作家 大橋 忍さんの露草(ツユクサ)をひとつダーニングしました。爽快な青色のツユクサのイメージをそのままに「根っこ」のような刺繍糸を付け加えて動きを出しました。

ツユクサの切り絵図案

フリーステッチ＋アウトラインステッチ

図案を見ながら糸を選びます

①チャコペーパーを使って別布（薄手のシーチング布・生成）に写し、図案の色を参考に全体をフリーSとアウトラインSで縫う。

②黄色いめしべの部分はフレンチノットS（2本取り・2回巻き）で縫う。

③輪郭線（黒線）はミシン糸を使ってアウトラインSで縫う。

④切り取って縁をかがり本体に縫い付ける。

⑤縫い付けた後、根っこ部分を巻き付けバックSとチェーンSで縫い、刺し始めと刺し終わり糸を残してたらす。

⑥おしべを黒ミシン糸を使ってアウトラインSで縫う。

輪郭線（黒線）はミシン糸を使用

おしべはアウトラインステッチ

アサガオ / チェックのブラウス

ブラウスの前身ごろにできてしまった穴あき部分に、チェック柄を格子に見立てて、朝顔を咲かせました。切り絵をイメージしながら蔓や葉にも黒色の刺繍糸でラインを描き、動きを出しました。

アサガオの切り絵図案

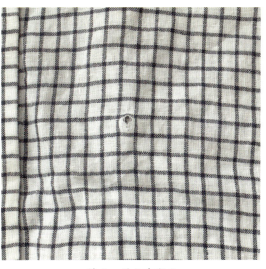

ダメージ：穴あき

フリーステッチ＋アウトラインステッチ

①チャコペーパーを使って別布（薄手のシーチング布・生成）に写し、図案の色を参考に全体をフリーSとアウトラインSで縫う。

②輪郭線（黒線）はミシン糸を使ってアウトラインSで縫う。

③切り取って縁をかがり本体に縫い付ける。

④シャツ本体のチェック柄を格子に見立てて、つるの部分は巻き付けバックSで、葉をフリーSで縫う。

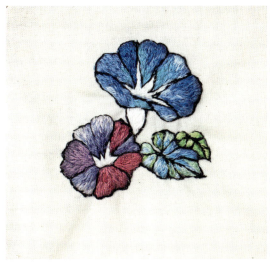

輪郭線(黒線)はミシン糸を使用

つるは巻き付けバックステッチ

植物刺繍とダーニング（図案1）

赤いバラ (原寸) p12

サテン S/2 本取り
DMC310

ダーニング S/2 本取り
DMC347

バリオン S/2 本取り 5回巻き
DMC347

花中心
ストレート S/2 本取り
クロバー / ダーニング糸
（ベージュ系こげ茶）

タンポポ (原寸) p14

花外側
スミルナ S/1 本取り
クロバー / ダーニング糸（ベージュ系生成）
DARUMA スプラウト1毛糸

レモン (200%) p16

フリー S/2 本取り
DMC 12,307,445

巻き付けバック S/2 本取り
DMC 12,471

ダーニング S/1 本取り
DARUMA 小巻 Cafe Demi 5

ハルジオン (原寸) p18

花芯
フレンチノット S/2 本取り 3回巻き
DMC 973

ブランケット S/2 本取り
cosmo 364

葉
サテン S/2 本取り
DMC 470

花びら
サテン S/2 本取り
DMC 3865

茎 / 巻き付けバック S/2 本取り
DMC 16

花びら
レゼーデージー S ＋ストレート S/3 本取り
DMC 336,798,3842

花芯
フレンチノット S/3 本取り 3回巻き
cosmo 410A ,2323

青花 (原寸) p21

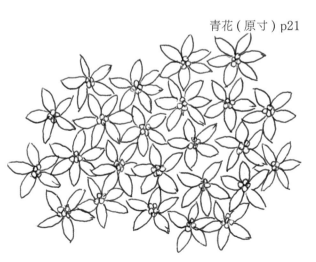

92

植物刺繍とダーニング（図案2）

コーチング S/1 本取り
DARUMA 刺し子糸（細）金茶 220
cosmo 574

ピーナッツ (原寸) p22

ピーナッツ殻
ブランケット S 応用 /2 本取り
クロバー / ダーニング糸
（生成＋ベージュ）
cosmo 574

種
サテン S/2 本取り
cosmo 464 465

コーヒーの木 (原寸) p24

葉
サテン S/2 本取り
DMC 3345
cosmo 328,329

実
ストレート S/2 本取り
cosmo 342,345,346,325A

コーヒー豆
サテン S/2 本取り
cosmo 312,715

茎
巻き付けバック S/2 本取り
cosmo 684 ,715

93

植物刺繍とダーニング(図案3)

月桃の実(原寸) p26

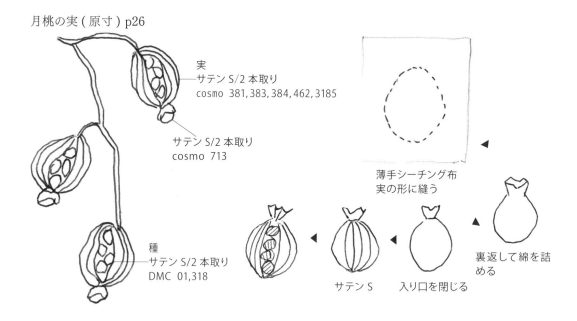

実
サテンS/2本取り
cosmo 381, 383, 384, 462, 3185

サテンS/2本取り
cosmo 713

種
サテンS/2本取り
DMC 01, 318

薄手シーチング布
実の形に縫う

裏返して綿を詰める

入り口を閉じる

サテンS

オリーブの葉(原寸) p28　　オリーブの実(原寸) p28

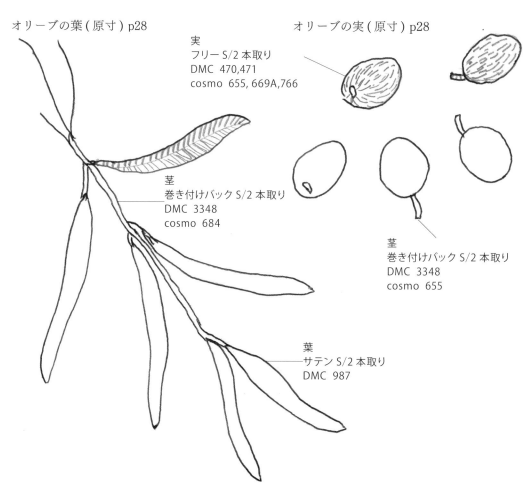

実
フリーS/2本取り
DMC 470, 471
cosmo 655, 669A, 766

茎
巻き付けバックS/2本取り
DMC 3348
cosmo 684

茎
巻き付けバックS/2本取り
DMC 3348
cosmo 655

葉
サテンS/2本取り
DMC 987

植物刺繍とダーニング(図案4)

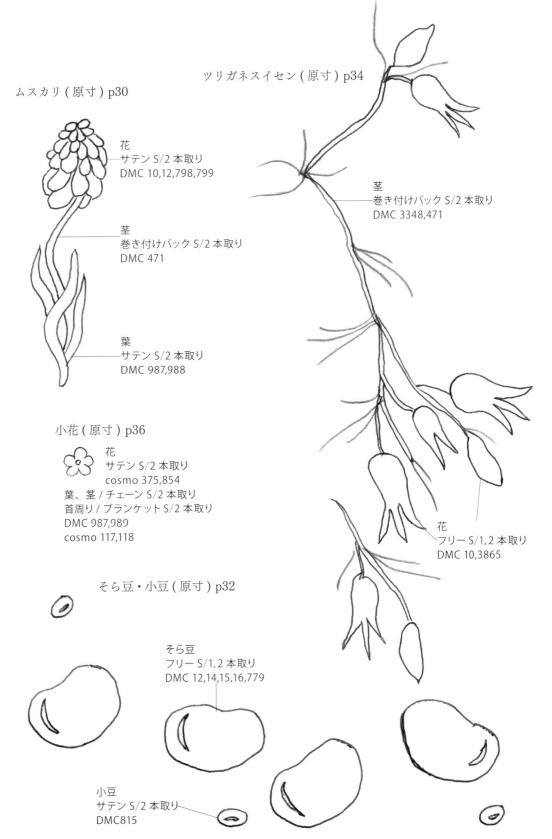

ツリガネスイセン(原寸) p34

ムスカリ(原寸) p30

花
サテン S/2本取り
DMC 10,12,798,799

茎
巻き付けバック S/2本取り
DMC 471

葉
サテン S/2本取り
DMC 987,988

茎
巻き付けバック S/2本取り
DMC 3348,471

花
フリー S/1,2本取り
DMC 10,3865

小花(原寸) p36

花
サテン S/2本取り
cosmo 375,854
葉、茎/チェーン S/2本取り
首周り/ブランケット S/2本取り
DMC 987,989
cosmo 117,118

そら豆・小豆(原寸) p32

そら豆
フリー S/1,2本取り
DMC 12,14,15,16,779

小豆
サテン S/2本取り
DMC815

95

植物刺繍とダーニング(図案5)

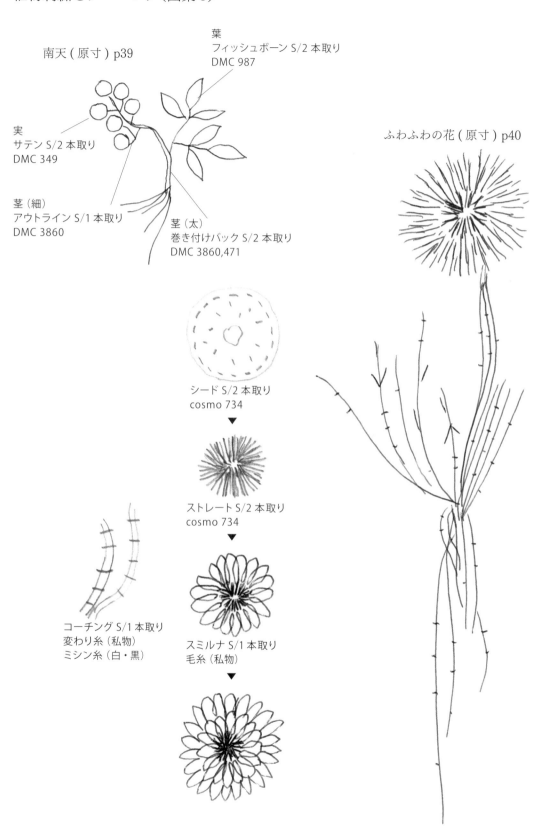

南天 (原寸) p39

葉
フィッシュボーン S/2 本取り
DMC 987

実
サテン S/2 本取り
DMC 349

茎（細）
アウトライン S/1 本取り
DMC 3860

茎（太）
巻き付けバック S/2 本取り
DMC 3860, 471

ふわふわの花 (原寸) p40

シード S/2 本取り
cosmo 734

ストレート S/2 本取り
cosmo 734

コーチング S/1 本取り
変わり糸（私物）
ミシン糸（白・黒）

スミルナ S/1 本取り
毛糸（私物）

植物刺繍とダーニング(図案6)

ヨウシュヤマゴボウ(原寸) p42

茎
巻き付けバック S/2本取り
DMC 601

実
ストレート S/2本取り
DMC 471,906,3347,3348
cosmo 669A,766

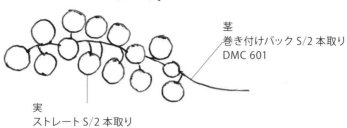

花はな(原寸) p45

花
ストレート S
DARUMA チップスパイラル1
＊3本で1本になっている毛糸から1本抜き取り使用

ダーニング S
毛糸(私物)

ダーニング S
毛糸(私物)

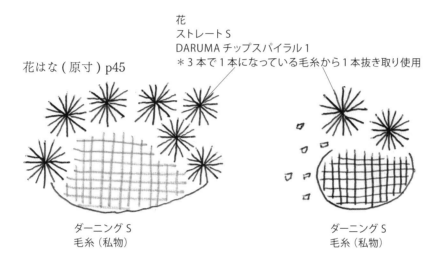

マリーゴールド(原寸) p46

葉
サテン S/2本取り
cosmo 320,328,329

花
ロング＆ショート S/2本取り
cosmo 147,752,753,754

茎
巻き付けバック S/2本取り
DMC 470,471

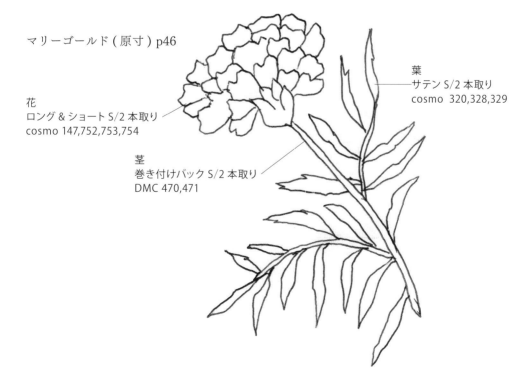

97

植物刺繍とダーニング(図案7)

スイカズラ(原寸) p48

葉
ロング&ショート S/2本取り
cosmo 167,218,734

葉中心線
巻き付けバック S/2本取り
cosmo 164

花
フリー S, 巻き付けバック S/2本取り
バリオン S/2本取り 8回巻き
cosmo 100,164,410A

やまなし(原寸) p51

葉
サテン S/2本取り
DMC 3346,3347
葉中心線
アウトライン S/2本取り
cosmo 116

茎
巻き付けバック S/2本取り
cosmo 476,684

茎
チェーン S/2本取り
cosmo 713

実の先端
スミルナ S/2本取り
cosmo 476

実
フリー S/2本取り
DMC 471,907
cosmo 325

植物刺繍とダーニング(図案 8)

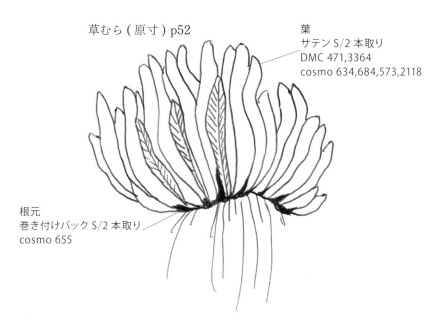

草むら (原寸) p52

葉
サテン S/2 本取り
DMC 471,3364
cosmo 634,684,573,2118

根元
巻き付けバック S/2 本取り
cosmo 655

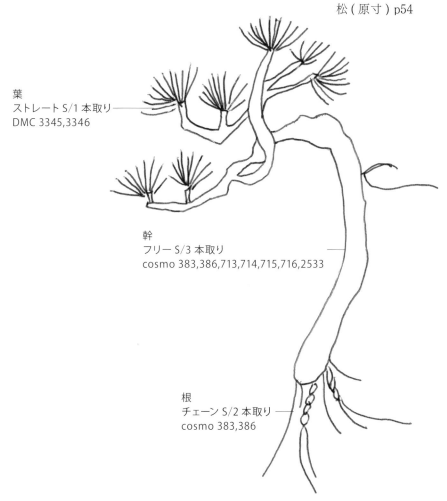

松 (原寸) p54

葉
ストレート S/1 本取り
DMC 3345,3346

幹
フリー S/3 本取り
cosmo 383,386,713,714,715,716,2533

根
チェーン S/2 本取り
cosmo 383,386

植物刺繍とダーニング(図案9)

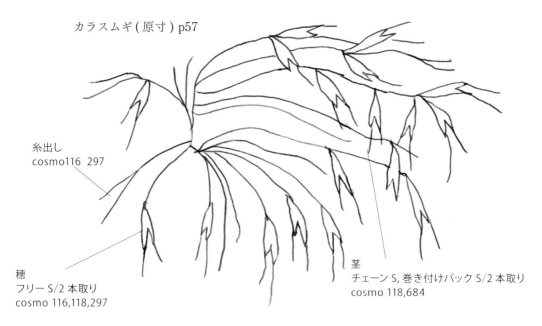

カラスムギ(原寸) p57

糸出し
cosmo116 297

穂
フリー S/2本取り
cosmo 116,118,297

茎
チェーン S, 巻き付けバック S/2本取り
cosmo 118,684

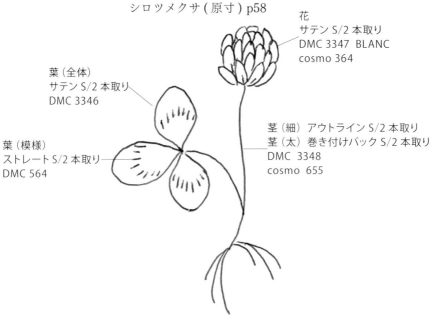

シロツメクサ(原寸) p58

花
サテン S/2本取り
DMC 3347 BLANC
cosmo 364

葉(全体)
サテン S/2本取り
DMC 3346

葉(模様)
ストレート S/2本取り
DMC 564

茎(細) アウトライン S/2本取り
茎(太) 巻き付けバック S/2本取り
DMC 3348
cosmo 655

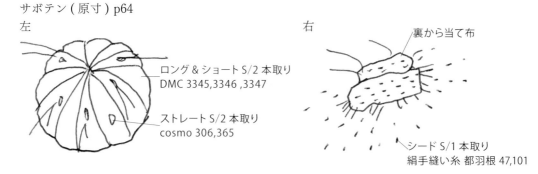

サボテン(原寸) p64

左

ロング＆ショート S/2本取り
DMC 3345,3346,3347

ストレート S/2本取り
cosmo 306,365

右

裏から当て布

シード S/1本取り
絹手縫い糸 都羽根 47,101

植物刺繍とダーニング（図案10）

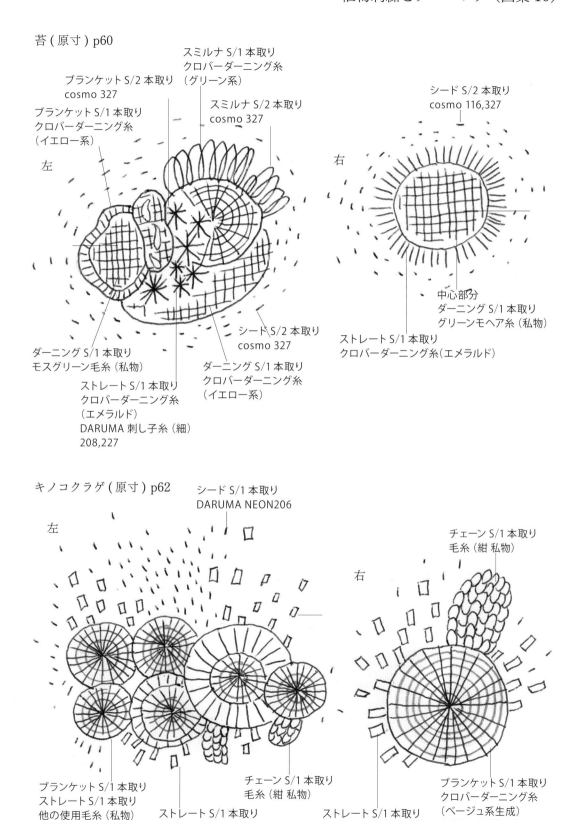

植物刺繍とダーニング（図案11）

笹 (原寸 =110%) p66

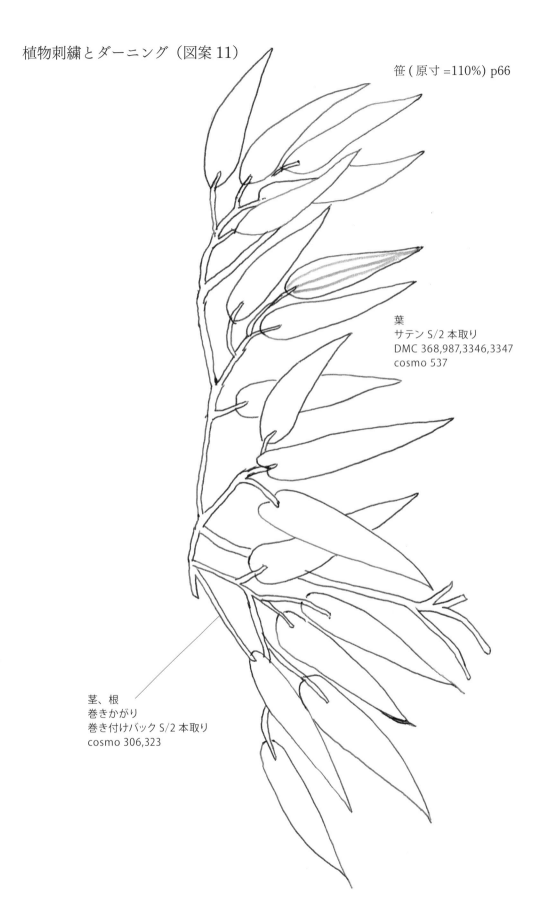

葉
サテンS/2本取り
DMC 368,987,3346,3347
cosmo 537

茎、根
巻きかがり
巻き付けバックS/2本取り
cosmo 306,323

植物刺繍とダーニング（図案 12）

梅 (原寸) p70

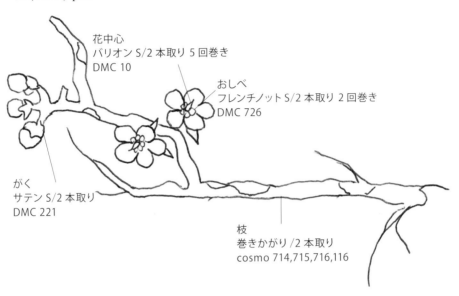

花中心
バリオン S/2 本取り 5 回巻き
DMC 10

おしべ
フレンチノット S/2 本取り 2 回巻き
DMC 726

がく
サテン S/2 本取り
DMC 221

枝
巻きかがり /2 本取り
cosmo 714,715,716,116

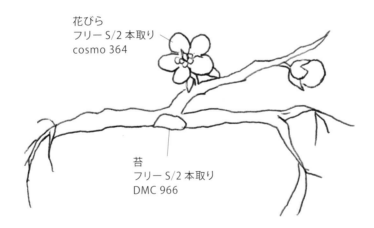

花びら
フリー S/2 本取り
cosmo 364

苔
フリー S/2 本取り
DMC 966

植物刺繍とダーニング（図案13）

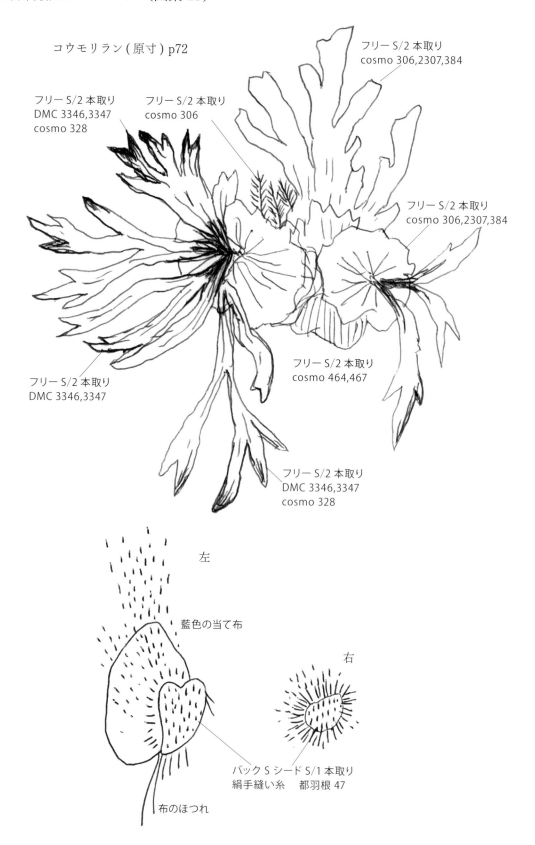

植物刺繍とダーニング（図案14）

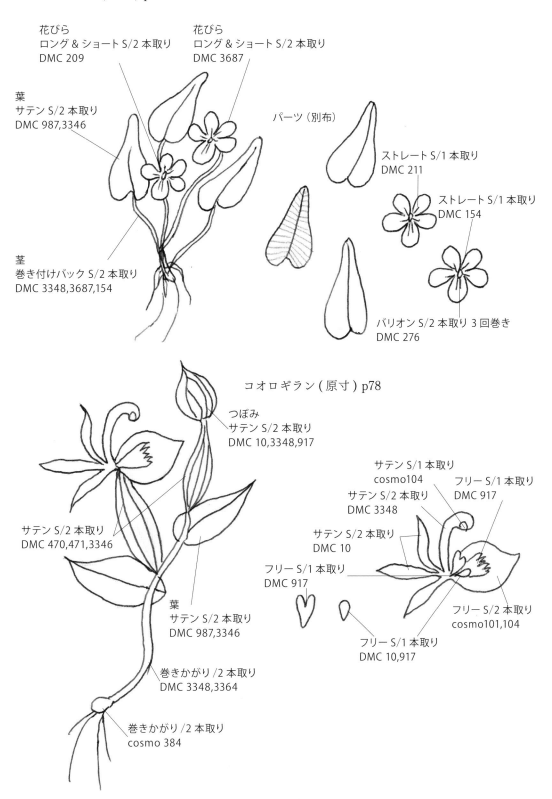

植物刺繍とダーニング（図案 15）

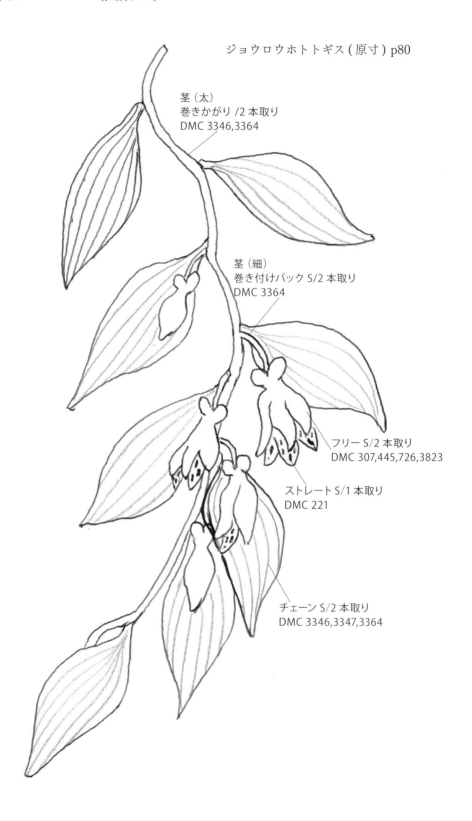

植物刺繍とダーニング（図案16）

ジョウロウホトトギス（別布パーツ）

植物刺繍とダーニング（図案 17）

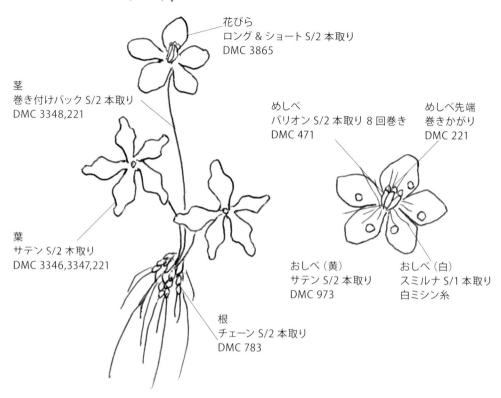

バイカオウレン (原寸) p82

花びら
ロング＆ショート S/2 本取り
DMC 3865

茎
巻き付けバック S/2 本取り
DMC 3348,221

めしべ
バリオン S/2 本取り 8 回巻き
DMC 471

めしべ先端
巻きかがり
DMC 221

葉
サテン S/2 本取り
DMC 3346,3347,221

おしべ（黄）
サテン S/2 本取り
DMC 973

おしべ（白）
スミルナ S/1 本取り
白ミシン糸

根
チェーン S/2 本取り
DMC 783

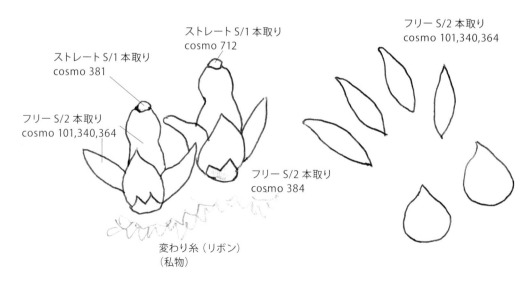

ヤッコソウ (原寸) p84

ストレート S/1 本取り
cosmo 712

ストレート S/1 本取り
cosmo 381

フリー S/2 本取り
cosmo 101,340,364

フリー S/2 本取り
cosmo 101,340,364

フリー S/2 本取り
cosmo 384

変わり糸（リボン）
（私物）

植物刺繍とダーニング(図案 18)

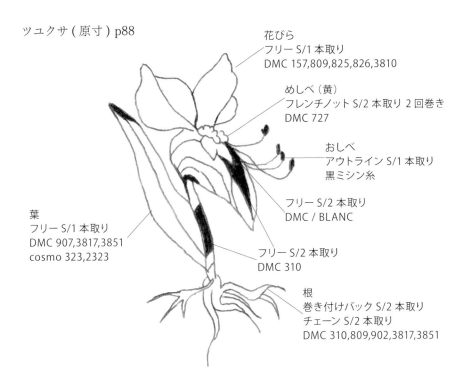

ツユクサ (原寸) p88

花びら
フリー S/1 本取り
DMC 157,809,825,826,3810

めしべ（黄）
フレンチノット S/2 本取り 2 回巻き
DMC 727

おしべ
アウトライン S/1 本取り
黒ミシン糸

フリー S/2 本取り
DMC / BLANC

葉
フリー S/1 本取り
DMC 907,3817,3851
cosmo 323,2323

フリー S/2 本取り
DMC 310

根
巻き付けバック S/2 本取り
チェーン S/2 本取り
DMC 310,809,902,3817,3851

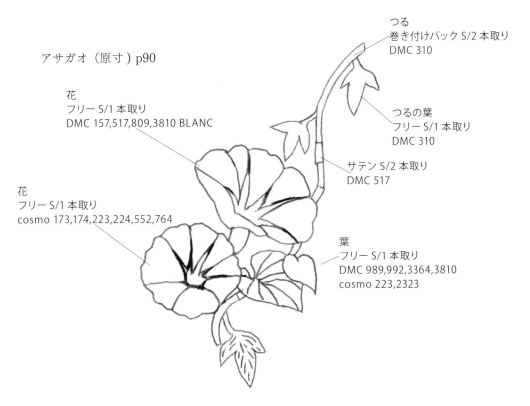

アサガオ（原寸）p90

つる
巻き付けバック S/2 本取り
DMC 310

つるの葉
フリー S/1 本取り
DMC 310

花
フリー S/1 本取り
DMC 157,517,809,3810 BLANC

サテン S/2 本取り
DMC 517

花
フリー S/1 本取り
cosmo 173,174,223,224,552,764

葉
フリー S/1 本取り
DMC 989,992,3364,3810
cosmo 223,2323

109

おわりに

「植物刺繍でダーニングの本を作りませんか」という思いがけないお話をいただき、ダーニングの世界に再び深く入り込むこととなりました。これまでワークショップでは何度かダーニング教室をさせていただきましたが、一冊の本としてまとめ上げるのは、私にとって初めての挑戦でした。

たくさんの愛着のあるお洋服をお借りし、一つ一つ繕っていく中で、傷み方の多様さに驚き、悩みながらも、持ち主さんの笑顔を想像しながら楽しく制作を進めることができました。

この本では、私が日頃行っている方法もご紹介していますが、あくまで参考として、自由に植物刺繍とダーニングを楽しんでいただけたら幸いです。

今回、ダーニングのお洋服をお貸しくださった皆さま、コラボしてくださった切り絵作家の大橋忍さん、MdNコーポレーションの石川加奈子さん、そしてこの本を手にとってくださったあなたに、心から感謝いたします。

nuimori（ヌイモリ）

刺繍作家 nuimori（ヌイモリ）。制作するのは主に花や植物を立体的に表現した刺繍作品で、根っこが飛び出したりする刺繍は立体刺繍になっています。
自然に囲まれた里山に暮らし、築百年を超える古い蔵を改修したアトリエで一人で制作しています。

2009年より独学で刺繍を始める。
2012年2月　雑誌「クロワッサン823号」（マガジンハウス）「美しい日本の手技」に掲載
2014年3月　熊本 Orange（カフェ・雑貨店）、橙書店にて個展
2019年7月　福岡 l'onde（カフェ・雑貨店）にて「繕い刺繍店」開催
2012年〜2020年　オーダーで刺繍の注文を受け制作
2021年9月　熊本 橙書店にて個展
2022年2月　無印良品 ガーデンズ千早、天神大名、MUJIキャナルシティ博多にて作品展示
2023年10月　高知県立牧野植物園にて「刺繍と植物学」作品展示
2024年3月　うめだ阪急百貨店にて「植物刺繍」展示販売
大分県杵築市在住。
https://nuimori.com

nuimori.com　Instagram/nuimori

制作スタッフ
［装丁］nuimori（ヌイモリ）
［本文デザイン］nuimori（ヌイモリ）
［切り絵図案］大橋忍（P86,89,91）
［プリンティングディレクター］須藤那智（シナノ書籍印刷）
［企画編集］石川加奈子

植物刺繍とダーニング
図案とテクニックで楽しむハンドリペア

2024年12月21日　初版第1刷発行
［著者］nuimori（ヌイモリ）
［発行人］諸田泰明
［発行］株式会社エムディエヌコーポレーション
〒101-0051　東京都千代田区神田神保町一丁目105番地
https://books.MdN.co.jp/
［発売］株式会社インプレス
〒101-0051　東京都千代田区神田神保町一丁目105番地
［印刷・製本］シナノ書籍印刷株式会社
Printed in Japan
©2024 nuimori. All rights reserved.

本書は、著作権法上の保護を受けています。著作権者および株式会社エムディエヌコーポレーションとの書面による事前の同意なしに、本書の一部あるいは全部を無断で複写・複製、転記・転載することは禁止されています。

定価はカバーに表示してあります。

【カスタマーセンター】
造本には万全を期しておりますが、万一、落丁・乱丁などがございましたら、送料小社負担にてお取り替えいたします。お手数ですが、カスタマーセンターまでご返送ください。

落丁・乱丁本などのご返送先
〒101-0051　東京都千代田区神田神保町一丁目105番地
株式会社エムディエヌコーポレーション カスタマーセンター
TEL：03-4334-2915

内容に関するお問い合わせ先
info@MdN.co.jp

書店・販売店のご注文受付
株式会社インプレス　受注センター
TEL：048-449-8040 ／ FAX：048-449-8041

【購入者限定特典】
書籍未公開の図案をダウンロードできます。
https://books.mdn.co.jp/down/3224403020/

ISBN978-4-295-20716-0
C2076